Impressionen

Caroline Gärtner

Deutschen Nationalbibliothek:

Die Deutsche Nationalbibliothek verzeichnet diese Publikation in der Deutschen Nationalbibliografie; detaillierte bibliografische Daten sind im Internet über dnb.dnb.de abrufbar.

© 2019 Caroline Gärtner

Herstellung und Verlag:

BoD – Books on Demand, Norderstedt

ISBN: 9783750424319

Vorbemerkung

Karoline Gärtner wurde am 12. 1. 1926 geboren und starb am 6. 6. 2016. Sie verfasste die Gedichte für sich selbst, teilte sie nicht mit anderen und hatte keine Absicht, sie zu veröffentlichen. Die Erben fanden sie nach ihrem Tod bei ihren persönlichen Gegenständen. Es gab oft von einem Gedicht mehrere Versionen; wir mussten uns für die Veröffentlichung für eine Fassung entscheiden. Die Titel der Gedichte wurden von uns hinzugefügt; sie sollen lediglich Hinweise auf den Inhalt geben und stellen keine Interpretationen dar.Wegen der Symbolkraft und Tiefe der Gedichte

5

haben sich ihre Kinder nach reiflichen Überlegungen dazu entschieden, sie einer interessierten Leserschaft zugänglich zu machen. Die Gedichte eröffnen dem Leser eine weite, ja oft mystische Gedankenwelt. Die Konturen neuer unbekannter Impressionen werden sichtbar.

Die Bilder wurden von Brigitte Prem eingefügt.

Wir möchten uns auch bei Ingeborg Hüttl für die Abschrift der Texte, die mit Hand und Schreibmaschine verfasst worden waren, bedanken.

Heinz Gärtner und Brigitte Prem

Friesach in Kärnten, Oktober 2019

Ethischer Materialismus

1. Akt

„Sein Leben ist mein Tod"
sagte das Gewissen
und tötete den Profit.

2. Akt

„Sein Tod ist mein Leben"
sagte der Profit
und tötete das Gewissen.

Vorletzter Akt.
Ethischer Materialismus.

Der Profit
ist das Gewissen
des modernen Managements

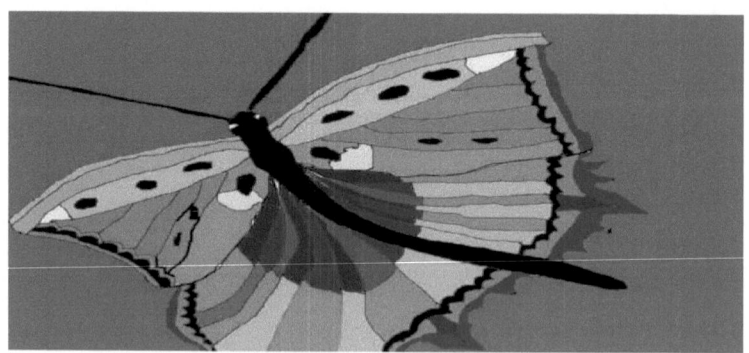

Angst

Angst, im Schatten geboren,
    in Träumen verloren,
Angst, in zerbrochenen Schalen,
    in Mühlen die mahlen.

9

Angst, die in der Kehle sitzt,
Angst, die im Herzen frisst
Angst, die die Sinne zerstört,
Angst, die das Lied nicht mehr hört.

Angst, die bricht aus Tiefen hervor,
die sich steigert im Chor
zum Dröhnen, Stöhnen
es bricht aus der Not.

Wo ist das Lied,
das die Qualen nimmt,
das Lied, das bringt
die tröstende Melodie?

Die Vögel sagen
du bist nicht verloren,
Du wirst wieder geboren.
Suche das Lied.

Und der Ängste dunkle Schwingen
leiser geworden, bringen
die Kraft die Not zu begreifen,
von Leichen,
die im weltlichen Morden
als Bruder gestorben,
jetzt suchen das Lied.

Asphalt

Asphalt der sich bläht
im Dschungel tausendfachen Gesichts
spürst du den Moder
im Aufbruch des Tags
der das Licht vor dir trägt
Suchst du?
Du suchst nicht den Moder
der quillt aus dem Band
das dunkel
die Träume erpresst
Licht am Asphalt
wenn der Dschungel erstickt
im tonlosen Schrei
ein Tropfen von Tau
der schillernd den Grashalm benetzt.

Nachtvogel

Bevor der Nachtvogel beginnt
das Nest zu verlassen
ziehe das Schwert
wenn Erwachendes sich zu regen
beginnt
sei bereit.

Des Nachtvogels Lied
mag beschwörend dir klingen
wenn seine Schwingen
sanft die Scheide berühren.

Schwer ist die Arbeit des Säumers.
Des Schwertes Schneide
macht den Nachtvogel frei
wenn sein dunkles Kleid
auf die Erde fällt.

Metamorphose

Das Gute w a r
Weil das Böse i s t

So wird es gewesen sein

Das Gute i s t
Weil das Böse w a r

So wird es sein

Der Prolog der Metamorphose
scheint das Gewicht
in der Symmetrie des Meisters.

Markt

Dein Kurs ist nicht überzeugend.
Die Börse belächelt dein Haben.
Deine Fähigkeit ist für Styling nicht verwertbar.
Dein Körper eignet sich nicht für pin up.
Dein Kapital ist unproduktiv.

Du bist dem Markt nicht wichtig.

Der Kurs ist nicht Maßstab?
Die Börse will Gerechtigkeit?
Die Fähigkeit dient keinem Götzen?
Der Körper ist unverkäuflich?
Das Kapital geht die Branchen nichts
an?

Du bist dem Markt verdächtig.

Du zweifelst an dem Markt?

Das ist dein Konkurs!

Ende

- denn alles ist vollzogen:
Das Ende war - der Anfang ist
der Anfang war - das Ende ist.

- ich bin in allem
und alles ist in mir -
ich bin nirgends -
und nichts ist in mir.

Ich bin - war - werde sein -
Jetzt.
Ich wachse -
Jetzt.
Ich sterbe -
Jetzt.

Moloch

Der Moloch hockt im Eck
Macher haben ihn gezüchtet
Meiner holen ihn ins Licht
Erfolg ist ihm sicher.

Da protzt er, der tönerne Gott
angebetet von Massen
derweil Manager residieren
denn ein Moloch gebärt puren Profit.

Kaum stört es, wenn er stürzt
und der Gott in Scherben fällt.
Schon sind Gazetten am Werke
und Profit trägt breites Grinsen.

Krallen

Die Katze,
mit leisen Pfoten
umschmeichelt sie mich.
Das Schnurren, es ist Watte,
worauf weich ich mich bette
und nicht spüre die Krallen,
die warten auf den Reflex.

Öde

Ich klag nicht,
dass die Amsel mir fehlt.
Noch gestern hat sie
mit betörendem Lied mich beglückt.
Das Nest des Rotkehlchens ist zerstört.
Meisen und Dompfaff meiden
den Garten.
Es ist öde geworden.

Tat

Die Tat - sie ist.
Sie ist durch mich.
Ohne Frage.
Die Tat verlässt mich.
Ohne Frage.
Das ist ihr Sinn.
Ohne Frage.
Tat - nicht verloren.
Wenn auch ohne Frag geboren
vollzieht ihren Sinn.
Sie wandelt.
Tat geboren ohne Frage
wandelt nach ihrem Sinn.
Wohin.
Wohin meine Tat geboren ohne Frage.
Wandelnd mit eigenem Sinn.

Dahin.
Das ist ihr Sinn.
Endlos dahin.

Es ward die Tat.
Durch mich.
Ich tat.
Tat ich?
Ich?
Ich bin.
Die Tat?
Sie ist.
Durch mich?
Vollzog ich meine Tat?
Warum?
Warum? - Ich handle.
Warum? - Ich wandle.
Warum - Warum.

Die Frage stellt sich nicht.
Die Frage ist!

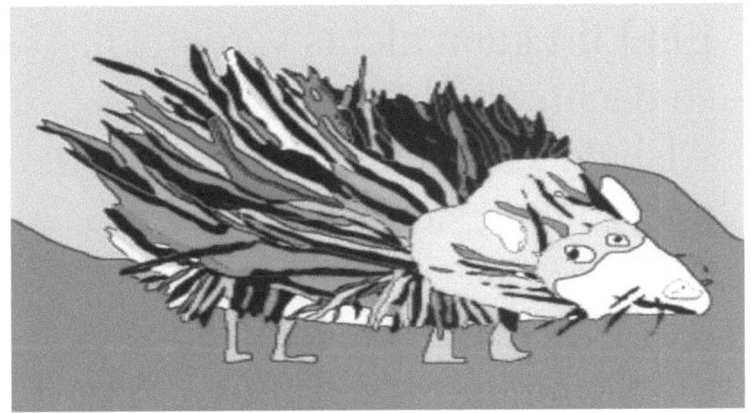

Die Wahrheit und die Lüge

Die Wahrheit und die Lüge
saßen beim Apfelbaum.
Die Zeit schien ihnen unendlich,
da hatten sie einen Traum.

Der Traum erweckte Begierde,
die Lüge, die machte sich stark.
Der Wahrheit erschien sie verlockend,
ihre Abwehr blieb nicht lang hart.

Ein Flirt kann nichts verderben,
so dachten sich die zwei.
Alsbald erschienen sie auf Erden
und glichen sich wie ein Ei.

Auf Erden, da war Kirmes,
die Stimmung war famos,
von Langweil keine Rede,
die beiden fandens groß.

Das Buhlen, das war lässig,
die Lüge trug Federhut.
Die Wahrheit behängte sich mit Schleiern
und beiden tat es gut.

Sie wagten das erste Tänzchen,
die Erde, die drehte sich mit,
sie fassten sich beide fester
und blieben dabei im Schritt.

Die Trompeten klangen schrille,
die Sinne umwarb das Horn.
Die beiden umschlangen sich enger,
die Brüste wurden zum Born.

Und in des Taumels Schwüle
trat die Vermählung ein.
Die Wahrheit und die Lüge
zeugten neues Sein.

Die Eltern fühlten sich prächtig,
ob neuer Kinderlein.
Die tanzten fröhlich Reigen
im Erdensonnenschein.

Nur manchmal war es schwierig
zu finden das eigene Kind.
Denn Wahrheit, die trug Schleier
und Lüge Federwind.

Die Kindlein waren munter
und wuchsen rasch heran.
Sie krochen in alle Winkel
und richteten Chaos an.

Sie riefen fröhlich „Hasch mich",
wenn Zunder entfacht im Sturm.
Und brannten die Feuer kräftig,
dann lachten sie im Turm.

Die Lüge deckte mit Schleiern
Unrecht und Jammer zu.
Versuchte Wahrheit zu retten,
rief Lüge "verschleiert bist ja du!"

Die Wahrheit wurde ängstlich,
zu klein wurde ihr Raum.
Sie wurde unansehnlich
und verteidigte sich kaum.

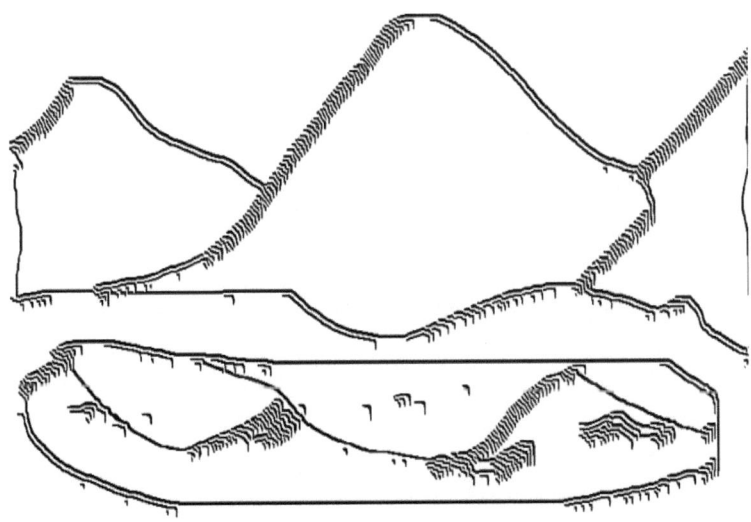

Als die Kindlein erwachsen,
stand Wahrheit im Bettlerkleid.
Lüge mit Federbusch und Schleier
ward prächtige Eitelkeit.

Nun wollen alle genießen,
die leben im Erdenraum.
Die Wahrheit beachtet kaum einer,
die sitzt beim Apfelbaum.

Die Wahrheit reute bitter
ihre Buhlschaft mit der Lug.
Sie sucht´ ihre nackten Kinder
als nächtens die Stunde schlug.

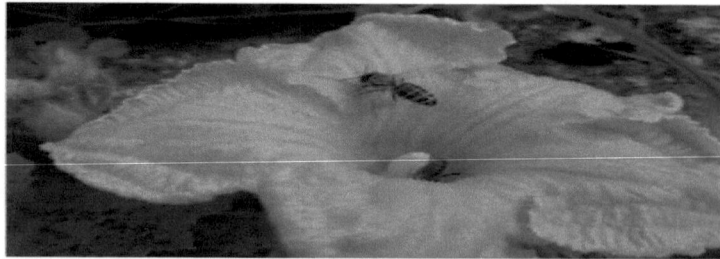

Schnurren

Das Schnurren der Katze
hat meine Gedanken gestohlen.
Meine Trägheit ist schuld
am Tode der Vögel,
die meinen Garten
vielfältig
mit Freiheit erfüllten.

Versuchung

Dom Petri
unter deinen Kuppeln
strahlte das Licht menschgewordener
Liebe.

Als die Versuchung kam für dich
begannst du zu verhüllen
den Geist.

Gezügelt den Menschen
mit den Dogmen des Kreuzes Dogmen
wuchs deine Macht.

Mensch
zum Torso geschnürt
suchte den Sinn.

Geist ward zu Un-Geist
Ordnung zu Un-Ordnung
im unausweichlichen Gesetz.

Unter deiner Hierarchie
wird Hoffnung erblinden
bis du die Wandlung vollziehst.

Nacht

Dreimal krähte der Hahn in der Nacht
ich bin davon aufgewacht
und glaubte zu träumen.

Seit wann krähte ein Hahn in der
Nacht,
was hätte ihn so aufgebracht?
Sollte den Schlaf ich versäumen?

Dreimal fuhr der Zug in der Nacht
und ich bin davon aufgewacht,
wollt aber doch lieber träumen.

Was sollt ich mit dem Zug in der
Nacht -
er hätt mich in die Schatten gebracht,
die Reisen in die Dunkelheit säumen.

Dreimal rief das Käuzchen in der
Nacht.
Ich bin davon aufgewacht
und konnte nicht mehr träumen.

Das ist ein gewohnter Ruf in der Nacht
-
er hat mir aber Unruh gebracht, denn:
Ich glaub, der Kauz hat gelacht!

Verdeckt

Ein Wind ist entfacht,
ein Säuseln, ein Raunen.
Noch fehlt ihm die Kraft,
noch sind es Launen.

Er spielt mit Stümpfen von Bäumen,
die dürre sind und uralt.
Noch regiert in nicht durchlässigen
Räumen
die versteckte Gewalt.

Für Gerippe gilt es zu tragen
Szepter, verwurzelt und schwer.
Flitter, die drüber lagern,
legen Mondschein ums Gewehr.

Doch siehe, die Stürme, die leisen,
beginnen zu ahnen die List,
dass einträchtig Flitter und Eisen
miteinander verbunden ist.

Noch ist's nur Raunen und Säuseln,
wenn Flitter gelupft wird vom Wind
und dürre, vermooste Gestalten
darunter zu sehen sind.

Glut

Fürchte nicht die Wüste.
Wenn Glut
zur Spirale sich windet
wird lebendig
die Stille.

Harmonie

Harmonie ist Ordnung
Ordnung ist Zuwendung
Zuwendung ist Freiheit
Freiheit ist zugewendete Ordnung
Zugewendete Ordnung ist Liebe
Liebe ist Zuwendung
Zuwendung ist Ordnung
Ordnung ist zugewendete Freiheit
Freiheit ist Zuwendung
Zuwendung ist Harmonie
Harmonie ist Ordnung.

Schwerelos
Ich kann Deiner nicht sicher sein
Weil Ich meiner nicht sicher bin.

Wäre Ich meiner sicher
Hättest Du kein Gewicht.

Du bist Ich und mein Gewicht
wächst mit Dir.

Ich bin meiner sicher
Wenn Du mit mir wächst.

Ist Dein Gewicht zu ertragen?

Ich trage Dein Gewicht
Und Du trägst mein Gewicht.

Wir wachsen und
Unser Gewicht wird schwerelos.

Lebenskrise

In die junge Frühlingswiese
leg ich meine Lebenskrise
und ich warte nun
was daraus wächst.

Da es nicht so recht will sprießen
fang ich heftig an zu gießen
mit den Tränen dieser Nacht.

Unter einem Ginsterbusch
begrab ich einen Krähenfuß
und die verwehten Haare
sind dem Holunder gute Ware.

Und sieh an die Frühlingswiese
wandelt sich mit meiner Krise
in ein beackert Feld.

Weile

Kleiner Bach am Wiesenrand
deinen flinken Lauf begleiten
Birkenduft und Vogelsang
und dein weiter Spiegel ist tiefes
Himmelblau.

Kleiner Bach hör auf zu eilen
denn ich lade zum Verweilen
und im ruhigen Gewässer
lass uns goldne Träume spinnen.

Wiesengrün plus Glitzerwelle
Birkenduft plus Flüsterquelle
verheißen sonnig warmes Glühen.

Was, du hörst nicht auf Libellen
und du sammelst andere Quellen
Tümpelrast die modert nur?

Kleiner Bach ich lass dich ziehen
tausendschöne Träume blühen
eine kleine Weile nur.

Deinen Lauf in fremde Welten
lass ich aber dann nur gelten
wenn du den Zauber der Libelle
zum großen Regenbogen trägst.

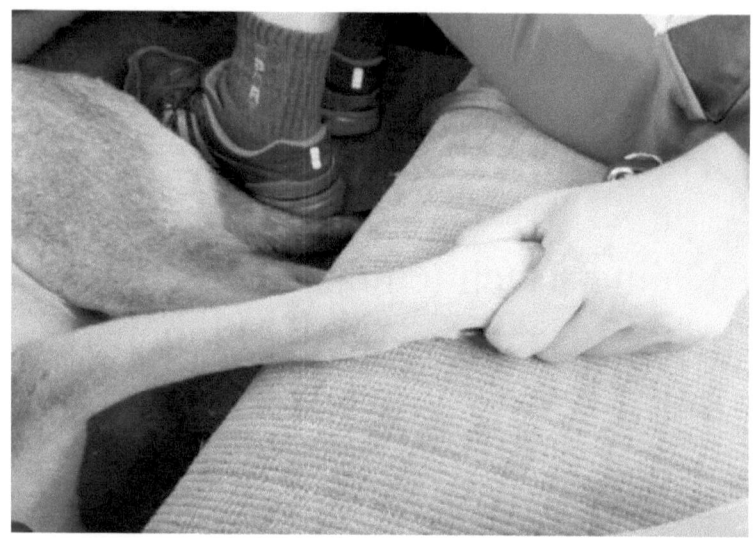

Wandel

Nicht immer, nein,
sah ich die Freiheit,
mir - Mensch - vom Gotte gewährt.
Großartig mich dünkend und elend
hab ich die Speise verzehrt.

Nein, nicht immer stand ich am Flusse

-

dem Felsen verabreicht ich mein Brot.
Nicht sehend - nicht fassend -
dass nur im Wandel des Flusses
die Quelle sich mir auch bot.

Im sinkenden Licht erst
begriff ich,
dass nur Geteiltes sich wieder
vermehrt.
So ließ ich den Felsen dem Satan
und Friede ist eingekehrt.

Fließend

Nichts ist absolut an der Quelle:
Die Wahrheit im Fluss
Die Lüge im Fluss
Ich im Fluss

In Richtung zur Mündung
such ich im Chaos
den Fluss in der Wahrheit
den Fluss in der Lüge
den Fluss in mir.

Vollziehend
vollendend
das Kleinste im Großen
das Größte im Kleinsten.

Schmelzende Erstarrung

Rette aus der Asche den Funken
den behutsam zur Flamme du windest.
Hüte die Flamme,
lass sie sich nähren am Zunder,
gib dem Brande
den Hader, der die Enge des Kerkers
dir legt.
Schüre die Flamme,
dass in ihr schmelze Erstarrung,
erstanden im Trauma des Irr-Sinns.
Bewahre die Flamme,
ihre Wärme schafft Kraft im eröffneten
Raum
und erleuchtet das Dunkel der Fuge.

Letzte Träume

Tages langer Weg mündet im
Abendrot
und sucht die verlorene Scheune.
Gras verschimmelt im Straßenkot
verlöscht seine letzten Träume.
Türme hören das Krähengeschrei
tief unten im Nebel verhallen.

Seide umschmeichelt das Totenei
nie wird es die Scheune bezahlen.

Treu in dem vermodernden Gras
kann er den Traum noch retten.
Totenei holen die Krähen zum Fraß
Türme verzehren die Ketten.

Und neigen sich endlich zum
ermatteten Gras
dieweil Nächtes Blässe verrinnt.
Traum bindet perlend göttliches Nass.
Der Weg des Tages beginnt.

Hoffnung

Sie wachsen im eisigkalten
Frühlingswind,
die frühen Krokusse.
In Hälsen, die gebrechlich scheinen,
in Blüten, die noch verschlossen.

In Grüppchen
trotzen sie der Vormacht
der geschlossenen Decke
im Eis erhärteter Kristalle.
Ein paar Strahlen Sonne
lässt die Hoffnung werden
nach einer sich erwärmenden Welt.
Hoffnung lässt sie ihre farbigen Blüten
öffnen,
auch wenn sie wissen,
dass noch in dieser Nacht
später Reif sie töten kann.

Umwandlung

Staub vom Gestein
fügt sich ein
in den Traum
der den Raum
umfängt.

Ordnung eingehalten
von Gewalten
die den Traum
Vollzug im Raum
träumen.

Traum der Elemente
Ordnung in der Wende
hin zum reinen Licht -
die der Mensch nicht bricht
der allein ist frei.

Frei den Traum zu träumen
gewandelt jenen Räumen
zuzuführen die Gewalten
die den Sinn erhalten
lebender Strahl zu sein.

Frei in seinem Walten
wie ein Gott zu schalten
frei den Teil zu binden
und den Strahl zu finden
- der ist - .

Gewissen in Fesseln

Versperre das Gewissen
und tu, als wärst du ohne Sünde.

Es folgt dir in Fesseln
in die man es dann bald gelegt.

So liegt es vor dir
und erhörst du es nicht,

wird es wimmern in deinen Träumen,
bis du ihm Einlass gewährst.

Macht der Rituale

„Was bin ich?" fragte der Knabe.
Und gehorchte dem Rat der Traditionen.
Er bediente sich der Rituale.
Er war den Institutionen wohlgefällig.
Er wurde ein angesehener Mann.

„Was war ich" fragte der Mann,
als er auf dem Sterbebette lag.
Institutionen mit Ritualen huldigten ihn.
Er war ein angesehener Mann.
Nur er selbst wusste nichts über sich.

Die Rituale hatten sich verselbständigt.
Die Institutionen hatten sich seiner
bedient.
Für welchen Zweck - er wusste es
nicht mehr.
Dass das Maß für Zuordnung sein
Gewissen war.
Er wusste es nicht.

Er war erfahren.
Und er war klug.
Aber mit einer verlorenen Seele.
Verloren im Gestrüpp der Mächte.
Die unkontrolliert wuchern.

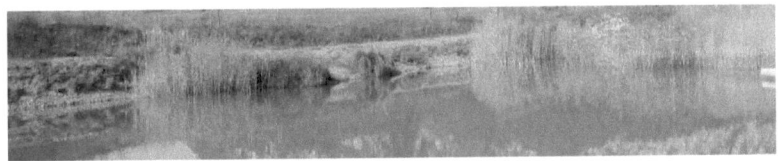

Absolutheit

Wenn die Liebe absolut ist
dann ist in ihr
das Böse beschlossen.

Falscher Schein

Wenn Sehnsucht
im Tode
sich breitet
wie fahles Gewächs
das der Mondschein verlogen
verzaubert
nichts, nein nichts,
nährt Hoffnung
im Truge falschen Scheins.

Die Erde ist ohne Schuld

Wissend sind
Tier und Baum:

Die Erde ist ohne Schuld -
sie vollzieht das Gesetz.

In der Freiheit des Geistes allein
liegt die Versuchung.

Gegenrede

Doch frag nur die Tiere, sie lehren es dich,
die Vögel des Himmels, sie künden es dir.
Rede zur Erde, sie wird es dich lehren,
die Fische des Meeres erzählen es dir.

Mit den Steinen des Feldes bist du verbunden,
die Tiere des Feldes werden Frieden mit dir halten.
Wir haben es gehört.
Nimm auch du es an.

Verlorene Sehnsucht

Wo ist die Sehnsucht geblieben
es hat sie der Sturm getrieben
ins Nebelland.

Es scheint nur, dass dort grau sind die
Steine
aber im Iris der Träume
bricht auf das Licht.

Verlorene Sehnsucht -
die bricht.